D1692435

Pippi Langstrumpf

Ein Leseprojekt
nach dem
gleichnamigen Kinderbuch
von
Astrid Lindgren

erarbeitet
von
Caroline Roeder

Illustrationen
von
Iris Wolfermann

Inhaltsverzeichnis

 Auf Seiten mit diesem Bild findest du Aufgaben.

Kapitel 1

1 **A**m Rand der kleinen, kleinen Stadt
2 lag ein alter verwahrloster Garten.
3 In dem Garten stand ein altes Haus.
4 Es hieß Villa Kunterbunt.
5 In dem Haus wohnte Pippi Langstrumpf.
6 Pippi war neun Jahre alt.
7 Sie wohnte ganz allein da.

8 Sie hatte keine Mutter und keinen Vater.

9 Eigentlich war das sehr schön. Niemand war da,

10 der sie mitten im Spiel ins Bett schickte.

11 Früher hatte Pippi mal eine Mutter gehabt.

12 Aber sie war gestorben,

13 als Pippi noch ganz klein war.

14 Ihren Vater hatte Pippi nicht vergessen.

15 Er war Kapitän und segelte über die großen Meere.

16 Pippi war mit ihm auf seinem Schiff gesegelt,

17 bis er einmal bei einem Sturm

18 ins Meer geweht worden war.

19 Seitdem war er verschwunden.

20 Aber Pippi war ganz sicher, dass er

21 eines Tages zurückkommen würde.

22 Pippi war ein sehr merkwürdiges Kind.

23 Das Allermerkwürdigste an ihr war,

24 dass sie so stark war.

25 Pippi konnte ein ganzes Pferd hochheben,

26 wenn sie wollte. Und das wollte sie.

27 Sie hatte sich ein eigenes Pferd

28 für viel Geld gekauft.

29 Jetzt wohnte es auf der Veranda.

30 Aber wenn Pippi dort sitzen wollte,

31 hob sie es in den Garten hinaus.

Fortsetzung folgt

1. Du hast in Kapitel 1 Pippi Langstrumpf kennen gelernt.
Was hast du über sie erfahren?
Trage die Nomen (Namenwörter) aus dem Kasten in die Lücken ein.

> Sturm / Schiff / Villa / Jahre / Kapitän / Mutter

Pippi ist neun _____ alt.

Pippis _____ ist gestorben, als Pippi

noch ganz klein war.

Der Vater von Pippi ist ein _____ .

Pippi ist mit ihrem Vater auf einem _____

gesegelt. Bei einem starken _____ wurde

Pippis Vater von Bord geweht.

Jetzt lebt Pippi ganz allein in einer _____,

einem großen alten Haus.

2. Wie heißt die Villa von Pippi?
Kreuze an.

❏ Villa Kugelrund   ❏ Villa Kunterbunt

3. Pippi ist ungewöhnlich stark.

a) Sieh dir das Bild an.

b) Wie viel Kilogramm (kg) wiegt ein großes Pferd ungefähr?
   Schlage in einem Lexikon nach.

c) Trage das Gewicht in das Bild ein.

4. Pippis Pferd wohnt auch in der Villa.
Wo genau ist sein Platz?
Kreuze an.

❑ in der Badewanne

❑ auf der Veranda

Kapitel 2

1 **N**eben der Villa war ein anderer Garten.

2 Darin stand ein anderes Haus.

3 In dem Haus wohnten ein Vater und eine Mutter

4 mit einem Jungen und einem Mädchen.

5 Der Junge hieß Thomas und das Mädchen Annika.

6 Sie waren zwei sehr liebe und wohlerzogene Kinder.

7 Niemals kaute Thomas an seinen Nägeln.

8 Annika murrte niemals, wenn sie

9 nicht ihren Willen bekam.

10 Thomas und Annika spielten in ihrem Garten.

11 Da wurde die Gartentür zur Villa Kunterbunt

12 geöffnet. Ein kleines Mädchen kam heraus.

13 Das war das merkwürdigste Mädchen,

14 das Thomas und Annika je gesehen hatten.

15 Es war Pippi Langstrumpf.

16 Pippi Langstrumpf sah so aus:

17 Ihr Haar hatte dieselbe Farbe wie eine Möhre.

18 Es war in zwei feste Zöpfe geflochten,

19 die vom Kopf abstanden.

20 Pippis Nase hatte dieselbe Form

21 wie eine ganz kleine Kartoffel.

22 Sie war völlig von Sommersprossen übersät.

23 Unter der Nase saß ein riesig breiter Mund.

24 Pippis Kleid war sehr komisch.

25 Sie hatte es selbst genäht.

26 Es war wunderschön gelb.

27 Weil der Stoff nicht gereicht hatte, war es zu kurz.

28 Darum guckte eine blaue Hose mit weißen Punkten

29 darunter hervor.

30 An ihren langen dünnen Beinen

31 hatte Pippi ein Paar lange Strümpfe.

32 Einer war geringelt, der andere war schwarz.

33 Pippi trug ein Paar schwarze Schuhe.

34 Sie waren doppelt so groß wie ihre Füße.

35 Die Schuhe hatte ihr Vater in Südamerika gekauft.

36 Pippi wollte niemals andere haben.

37 Auf ihrer Schulter saß ein kleiner Affe.

38 Er trug eine blaue Hose, eine gelbe Jacke und

39 einen weißen Strohhut.

40 Pippi ging die Straße entlang.

41 Sie ging mit dem einen Bein auf dem Bürgersteig

42 und mit dem anderen im Rinnstein.

43 Thomas und Annika schauten ihr lange nach.

44 Kurze Zeit später kam sie zurück.

45 Aber jetzt ging sie rückwärts.

46 Vor Thomas und Annika blieb sie stehen.

47 Thomas fragte: „Warum bist du rückwärtsgegangen?"

48 „Warum ich rückwärtsgegangen bin?", fragte Pippi.

49 „Darf man nicht gehen, wie man möchte?

50 Übrigens gehen in Ägypten alle Menschen so.

51 Niemand findet das merkwürdig."

52 „Jetzt lügst du", sagte Thomas.

53 Pippi überlegte einen Augenblick lang.

54 „Ja, du hast recht, ich lüge", sagte sie traurig.

55 „Lügen ist hässlich", sagte Annika.

56 Sie wagte endlich, den Mund aufzumachen.

57 „Ja, Lügen ist sehr hässlich", sagte Pippi

58 noch trauriger. „Aber ich vergesse es

59 hin und wieder, weißt du."

Fortsetzung folgt

1. Im Haus neben der Villa Kunterbunt wohnt eine Familie.
Wie heißen die Kinder der Familie?
Schreibe ihre Namen in die Kästchen.
Tipp: Lies noch einmal Seite 8.

Der Junge heißt ☐ h ☐ ☐ ☐ ☐ .

Das Mädchen heißt ☐ n n ☐ ☐ ☐ ☐ .

2. Was hast du über die Kinder erfahren?

a) Nicht alle Sätze sind richtig. Lies die Sätze.

b) Welche Sätze sind richtig?
Welche Sätze sind falsch? Kreuze an.

	richtig	falsch
Die Kinder sind schlecht erzogen.	☐	☐
Die Kinder sind sehr lieb.	☐	☐
Thomas kaut niemals an seinen Nägeln.	☐	☐
Annika murrt immer, wenn sie ihren Willen nicht bekommt.	☐	☐

3. Pippi und ihr Affe werden in Kapitel 2 genau beschrieben.
Welche Farben werden beschrieben?

a) Lies noch einmal die Seiten 9 und 10.

b) Male das Bild in den richtigen Farben aus.
Tipp: Die Angaben im Kasten helfen dir.

> **Pippi:** die Haare = orange / das Kleid = gelb /
> die Hose = blau mit weißen Punkten /
> die Schuhe und ein Strumpf = schwarz
> **der Affe:** die Hose = blau / die Jacke = gelb

4. Pippi geht die Straße entlang.
   Wie geht sie zuerst? Wie geht sie zurück?
   Beschreibt die Bilder mit eigenen Worten.
   Tipp: Lest noch einmal Seite 10.

Zuerst geht Pippi ...   Zurück geht Pippi ...

5. Wie könnte sich Pippi noch bewegen?

a) Sammelt Verben (Tuwörter) an der Tafel.
   Tipp: Die Wortanfänge im Kasten helfen dir.

lau _ _ _ / hüpf _ _ / krie _ _ _ _ / sprin _ _ _ / tanz _ _ /
schlei _ _ _ _ / hump _ _ _ / renn _ _ / stolp _ _ _

b) Spielt die Verben in der Klasse vor.

Kapitel 3

1 „**W**ollt ihr bei mir frühstücken?",

2 fragte Pippi.

3 „Gerne", sagten Thomas und Annika.

4 „Aber erst muss ich euch

5 Herrn Nilsson vorstellen", sagte Pippi.

6 Und da nahm der kleine Affe den Hut ab

7 und grüßte höflich.

8 Sie gingen durch die verfallene Gartentür.

9 Entlang des Kieswegs standen alte Bäume,

10 richtig prima Kletterbäume.

11 Die Kinder gingen auf die Veranda.

12 Da stand das Pferd und fraß Hafer

13 aus einer Suppenschüssel.

14 „Warum hast du ein Pferd auf der Veranda?",

15 fragte Thomas.

16 Alle Pferde, die er kannte, wohnten in einem Stall.

17 „Tja", sagte Pippi nachdenklich,

18 „in der Küche würde es nur im Weg stehen.

19 Und im Wohnzimmer gefällt es ihm nicht."

20 Thomas und Annika streichelten das Pferd.

21 Dann gingen sie ins Haus.

22 Im Haus gab es eine Küche, ein Wohnzimmer und

23 ein Schlafzimmer.

24 Aber es sah so aus, als hätte Pippi

25 vergessen, sauber zu machen.

26 „Wer sagt dir denn, wann du abends

27 ins Bett gehen sollst?", fragte Annika.

28 „Das mach ich selbst", sagte Pippi.

29 „Erst sag ich es ganz freundlich. Wenn ich

30 nicht gehorche, dann sag ich es noch mal streng.

31 Und wenn ich dann immer noch nicht hören will,

32 dann gibt es Haue."

33 Genau verstanden Thomas und Annika das nicht.

34 Aber es klang ganz praktisch.

35 Inzwischen waren sie in die Küche gekommen.

36 Pippi schrie: „Jetzt wollen wir Pfannkuchen backen!"

37 Sie holte drei Eier und warf sie in die Luft.

38 Geschickt fing Pippi sie in einem Topf auf.

39 Dort gingen sie dann kaputt. Mit den Fingern

40 fischte sie schnell die Eierschalen aus dem Topf.

41 Jetzt nahm Pippi eine Badebürste,

42 die an der Wand hing. Sie fing an,

43 den Pfannkuchenteig zu schlagen.

44 Die Wände ringsherum wurden vollgespritzt.

45 Schließlich goss sie den Teig in eine Pfanne.

46 Als der Pfannkuchen auf einer Seite

47 gebacken war, warf sie ihn hoch.

48 Er drehte sich in der Luft um und

49 Pippi fing ihn in der Pfanne auf.

50 Und als er fertig gebacken war,

51 warf sie ihn quer durch die Küche.

52 Er landete direkt auf einem Teller.

53 „Esst", rief sie, „esst, bevor er kalt wird!"

54 Und Thomas und Annika aßen. Sie fanden,

55 dass es ein sehr guter Pfannkuchen war.

56 „Am besten, ihr geht jetzt nach Hause, damit ihr

57 morgen wiederkommen könnt", sagte Pippi.

58 „Denn wenn ihr nicht nach Hause geht,

59 könnt ihr ja nicht wiederkommen.

60 Und das wäre schade."

Fortsetzung folgt

1. Pippi stellt ihren Affen vor.
Wie nennt sie ihn?
Ergänze die fehlenden Buchstaben.

Pippi nennt den Affen:

| | | | r | | | | s | s | | |

2. Informiert euch über Affen.

a) Was sagt das Bild
über Pippis Affen?
Sprecht in der Klasse
darüber.

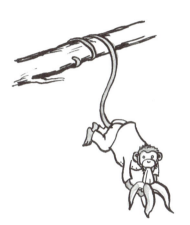

b) Was möchtet Ihr noch über Affen erfahren?
Sammelt Fragen an der Tafel.
Tipp: Die Fragewörter im Kasten helfen euch.

Wo / Was / Wie / Wie schwer / Wie viel

c) Informiert euch in einem Lexikon über Affen.

d) Was wisst ihr jetzt über Affen?
Gestaltet ein Plakat:
– Schreibt alle Informationen
auf ein weißes Plakat.
– Malt passende Bilder auf das Plakat.

3. Hier siehst du die Villa Kunterbunt.
Welche Räume gibt es?
Ergänze die Anfangsbuchstaben
aus dem Kasten.

K / Sch / W / V

die ___üche   das _____lafzimmer

die ___eranda   das ___ohnzimmer

4. Pippi bäckt für Annika und Thomas Pfannkuchen.

a) Was genau tut sie? Lies die Sätze.

b) Welche Lebensmittel und Gegenstände braucht Pippi?
Male ein passendes Bild hinter jeden Satz.

1. Pippi wirft drei Eier
   in die Luft.

2. Die Eier fängt sie
   mit einem Topf auf.

3. Sie schlägt den Teig
   mit einer Badebürste.

4. Dann gießt sie den Teig
   in eine Pfanne.

5. Zum Schluss wirft sie
   den gebackenen Pfannkuchen
   auf einen Teller.

Kapitel 4

1. **A**n diesem Morgen backte Pippi Kekse.
2. Sie hatte eine riesengroße Menge Teig gemacht.
3. Den hatte sie auf dem Küchenfußboden ausgerollt.
4. Nun lag sie auf dem Fußboden und
5. stach Kekse aus.
6. Da klingelte es.
7. Pippi lief zur Tür und öffnete.
8. Sie war von oben bis unten voller Mehl.

9 Zur Begrüßung schüttelte sie Thomas und Annika

10 herzlich die Hände. Dabei wurden sie

11 von einer Mehlwolke eingehüllt.

12 „Wie nett, dass ihr hereinschaut", sagte Pippi.

13 „Ich backe. Aber ich bin bald fertig.

14 Setzt euch solange auf die Holzkiste."

15 Pippi konnte schnell arbeiten!

16 Bald rief Pippi: „Fertig!"

17 Sie schlug mit einem Krach die Ofentür zu.

18 Das letzte Blech war herausgezogen.

19 „Was wollen wir jetzt machen?", fragte Thomas.

20 „Ich werde nicht auf der faulen Haut liegen",

21 sagte Pippi. „Ich bin nämlich ein Sachensucher.

22 Und da hat man niemals eine freie Stunde."

23 „Was bist du?", fragte Annika.

24 „Ein Sachensucher."

25 „Was ist das?", fragte Thomas.

26 „Jemand, der Sachen findet", sagte Pippi.

27 „Die ganze Welt ist voll von Sachen.

28 Es ist wirklich nötig, dass jemand sie findet.

29 Und das tun die Sachensucher."

30 „Was sind das denn für Sachen?", fragte Annika.

31 „Ach, alles Mögliche", sagte Pippi.

32 „Gold und Federn und Knallbonbons und

33 all so was."

34 Alle drei Sachensucher machten sich nun

35 auf den Weg. Thomas und Annika

36 beobachteten Pippi. Sie wollten sehen,

37 wie sich ein Sachensucher zu verhalten hat.

38 Pippi lief von einem Straßenrand zum anderen.

39 Sie legte die Hand über die Augen und

40 suchte und suchte.

41 Manchmal kroch sie auf den Knien.

42 Sie steckte die Hand zwischen

43 die Latten eines Zaunes.

44 Da sagte sie enttäuscht: „Merkwürdig! Ich dachte,

45 ich hätte einen Goldklumpen gesehen!"

46 „Darf man wirklich alles nehmen, was man findet?",

47 fragte Annika.

48 „Ja, alles, was auf der Erde liegt", sagte Pippi.

49 Ein Stück weiter lag ein alter Herr

50 auf dem Rasen vor seiner Villa und schlief.

51 „Der da liegt auf der Erde", sagte Pippi,

52 „und wir haben ihn gefunden. Wir nehmen ihn!"

53 Thomas und Annika erschraken furchtbar.

54 „Nein, nein, Pippi! Einen Mann können wir nicht

55 nehmen, das geht nicht", sagte Thomas.

56 „Was sollten wir übrigens auch mit ihm?"

57 „Den könnte man zu vielerlei gebrauchen.

58 Wir könnten ihn in einen Kaninchenkäfig stecken.

59 Aber wenn ihr nicht wollt, lassen wir es bleiben.

60 Obwohl es mich ärgert. Denn vielleicht kommt

61 ein anderer Sachensucher und klaut ihn."

62 Sie gingen weiter.

63 Plötzlich stieß Pippi ein lautes Geheul aus.

64 „Nein, so was hab ich noch nie gesehen!", schrie sie.

65 Sie hob eine alte Blechdose vom Boden auf.

66 „So ein Fund, so ein Fund!"

67 Thomas sah die Dose misstrauisch an und sagte:

68 „Wozu kann man die gebrauchen?"

69 „Oh, die kann man zu vielem gebrauchen",

70 sagte Pippi. „Wenn man Kuchen reinlegt,

71 dann ist es eine prima ‚Dose mit Kuchen'.

72 Wenn man keinen Kuchen reinlegt,

73 dann ist es eine ‚Dose ohne Kuchen'."

74 Und schon ertönte ein neues Geheul von Pippi.

75 Triumphierend hielt sie eine leere Garnrolle hoch.

76 „Heute scheint mein Glückstag zu sein", sagte sie.

77 „So eine kleine süße Garnrolle.

78 Mit ihr kann man Seifenblasen machen.

79 Ich will nach Hause und das sofort ausprobieren."

Fortsetzung folgt

1. Pippi ist ein Sachensucher.
Was genau ist ein Sachensucher?
Unterstreiche die richtige Antwort.
Tipp: Lies noch einmal Seite 21.

Ein Sachensucher ist jemand, der Sachen verliert.
Ein Sachensucher ist jemand, der Sachen findet.

2. Pippi arbeitet als Sachensucher.
Welche Sachen findet sie?
Ergänze die fehlenden Vokale (Selbstlaute).

e / e / o / o / o / a

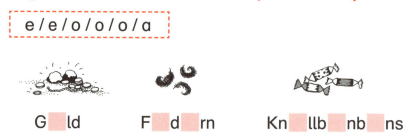

G   ld   F   d   rn   Kn   llb   nb   ns

3. Hast du schon einmal etwas gefunden?
Oder würdest du gern einmal etwas finden?
Was ist es?
Schreibe auf die Linie.

Was ich gefunden habe:

_____
_____ .

Was ich gern finden würde:

_____
_____ .

4. Pippi findet eine alte Blechdose.

**a) Findest du die Blechdose auch?
Suche sie auf dem Bild.**

b) Male die Dose farbig an.

Kapitel 5

1 **E**ine Gartentür wurde geöffnet.

2 Ein Junge kam herausgestürmt.

3 Er sah ängstlich aus.

4 Das war kein Wunder, denn hinter ihm

5 folgten fünf Jungen.

6 Sie hatten ihn bald und drängten ihn

7 gegen einen Zaun. Alle gingen auf ihn los.

8 Alle fünf auf einmal fingen an, ihn zu boxen

9 und zu schlagen. Der Junge weinte und

10 hielt die Arme vors Gesicht, um sich zu schützen.

11 „Oh", sagte Annika, „das ist Willi, den sie

12 da verhauen. Wie können die nur so gemein sein!"

13 „Das ist dieser schreckliche Benno.

14 Immer muss er sich prügeln", sagte Thomas.

15 „Und fünf gegen einen, solche Feiglinge!"

16 Pippi ging zu den Jungen hin.

17 Sie tippte Benno mit dem Zeigefinger

18 auf den Rücken. „Heda", sagte sie,

19 „wollt ihr etwa Mus aus dem kleinen Willi machen?"

20 Benno drehte sich um und sah

21 ein wildfremdes Mädchen.

22 Es wagte, ihn anzutippen.

23 Zuerst schaute er nur eine Weile verwundert.

24 Dann zog ein breites Grinsen über sein Gesicht.

25 „Jungs", rief er, „Jungs! Lasst Willi los und

26 schaut euch das Mädchen hier an.

27 So was habt ihr noch nicht gesehen!"

28 Im Nu hatten sie Pippi umringt.

29 Sie schrien: „Rotfuchs! Rotfuchs!"

30 Pippi stand mitten im Kreis.

31 Sie lachte ganz freundlich. Benno hatte gehofft,

32 dass sie böse werden oder weinen würde.

33 Als nichts half, gab er ihr einen Schubs.

34 „Ich finde, du hast kein besonders feines Benehmen

35 Damen gegenüber", sagte Pippi.

36 Sie hob ihn mit ihren starken Armen

37 hoch in die Luft. Sie trug ihn zu einer Birke

38 und hängte ihn über einen Ast.

39 Dann nahm sie den nächsten Jungen.

40 Ihn hängte sie auf einen anderen Ast.

41 Und dann nahm sie den dritten. Sie setzte ihn

42 auf einen Torpfosten vor einer Villa.

43 Und dann nahm sie den vierten. Sie warf ihn

44 über einen Zaun. Er landete in einem Blumenbeet.

45 Und den letzten der Jungen setzte sie

46 in ein ganz kleines Spielzeugauto.

47 Die Jungen waren vollkommen stumm vor Staunen.

48 Pippi sagte: „*Ihr* seid feige. Ihr geht zu fünft

49 auf einen einzigen Jungen los. Das ist feige.

50 Und dann pufft ihr noch ein Mädchen.

51 Pfui, wie hässlich!"

52 Und zu Willi sagte sie: „Wenn sie noch mal

53 versuchen, dich zu hauen, dann sag es mir."

54 Pippi, Thomas und Annika gingen nach Hause.

55 Als sie in Pippis Garten kamen, sagte Pippi:

56 „Ich glaube, ich muss mich hinlegen.

57 Könnt ihr mit reinkommen und mich zudecken?"

58 „Sag mal, Pippi", fragte Thomas ehrfürchtig,

59 „warum hast du eigentlich so große Schuhe?"

60 „Damit ich mit den Zehen wackeln kann,

61 weißt du", antwortete sie.

62 Im Haus legte sie sich zum Schlafen hin.

63 Sie schlief immer mit den Füßen

64 auf dem Kopfkissen und mit dem Kopf

65 tief unter der Decke.

66 „So kann ich auch mit den Zehen wackeln,

67 wenn ich schlafe.

68 Könnt ihr ohne Wiegenlied einschlafen?

69 Ich muss mir immer erst eine Weile

70 was vorsingen. Sonst krieg ich kein Auge zu."

71 Thomas und Annika hörten es

72 unter der Decke brummen.

73 Das war Pippi, die sich in den Schlaf sang.

74 Leise und vorsichtig schlichen sie hinaus.

75 An der Tür warfen sie einen Blick auf das Bett.

76 Sie sahen nichts anderes als

77 Pippis Füße auf dem Kopfkissen.

78 So lag sie da und wackelte mit den Zehen.

Fortsetzung folgt

1. Ein Junge wird von anderen Jungen geboxt und geschlagen.
Wie heißt der Junge, der geschlagen wird?
Kreuze an.
Tipp: Lies noch einmal Seite 27.

❑ Thomas ❑ Willi ❑ Benno

2. Wie viele Jungen schlagen ihn?
Kreuze an.

❑ 2 ❑ 3 ❑ 4 ❑ 5 ❑ 6 ❑ 7

3. Willi weint und hält sich schützend die Arme
vor das Gesicht. Wie fühlt sich Willi wohl?
Kreise die passenden Adjektive (Wiewörter) ein.

allein mutig wütend

müde schutzlos

stark ängstlich

hilflos

4. Wie findet ihr das Verhalten der fünf Jungen?
Sammelt passende Adjektive an der Tafel.

30

Pippi Langstrumpf

Versuche immer erst, die Aufgabe selbst zu lösen.
Vergleiche dann dein Ergebnis mit den Lösungen und
Lösungsvorschlägen in diesem Heft.

**Lösungen und Lösungsvorschläge
zu den Aufgaben von Kapitel 1:**

1

1. Pippi ist neun **Jahre** alt.
Pippis **Mutter** ist gestorben, als Pippi
noch ganz klein war.
Der Vater von Pippi ist ein **Kapitän.**
Pippi ist mit ihrem Vater
auf einem **Schiff** gesegelt.
Bei einem starken **Sturm** wurde Pippis Vater
von Bord geweht.
Jetzt lebt Pippi ganz allein in einer **Villa,**
einem großen, alten Haus.

2. Die richtige Antwort ist:

☒ Villa Kunterbunt

3. a) Hier können wir dir keinen Lösungsvorschlag machen.

b) Diese Angabe könntest du in einem Lexikon gefunden haben:

Ein großes Pferd kann bis zu 1200 Kilogramm wiegen.

c) Hier können wir dir keinen Lösungsvorschlag machen.

4. Die richtige Antwort ist:

☒ auf der Veranda

1. Der Junge heißt ⬚T⬚ h ⬚o⬚ m⬚ a ⬚ s⬚.

Das Mädchen heißt ⬚A⬚ n ⬚ n ⬚ i ⬚ k ⬚ a⬚.

2. a) Hier können wir dir keinen Lösungsvorschlag machen.

b) Die Kinder sind schlecht erzogen. ☒ falsch
Die Kinder sind sehr lieb. ☒ richtig
Thomas kaut niemals an seinen Nägeln. ☒ richtig
Annika murrt immer, wenn sie
ihren Willen nicht bekommt. ☒ falsch

3. a) Hier können wir dir keinen Lösungsvorschlag machen.

b) Vergleiche dein Bild mit dem Bild eines anderen Kindes.

4. So könntest du die Bilder beschrieben haben:

Zuerst geht Pippi mit einem Bein auf dem Bürgersteig und
mit dem anderen im Rinnstein.
Zurück geht Pippi rückwärts.

5. a) Diese Verben könntet ihr an der Tafel gesammelt haben:

lau**fen**, hüp**fen**, krie**chen**, sprin**gen**, schlei**chen**,
hump**eln**, tanz**en**, renn**en**, stolp**ern**

b) Hier können wir euch keinen Lösungsvorschlag machen.

Lösungen und Lösungsvorschläge zu den Aufgaben von Kapitel 3: **3**

1. Pippi nennt den Affen **Herr Nilsson.**

2. a) Dies ist auf dem Bild zu sehen:

Affen klettern auf Bäume. Affen essen Bananen.

b) Diese Fragen könntet ihr an der Tafel gesammelt haben:

Wo leben Affen?
Was essen Affen außer Bananen noch gern?
Wie groß kann ein Affe werden?
Wie schwer kann ein Affe werden?
Wie viele Affenarten gibt es?

c) und d) Hier können wir euch keine Lösungsvorschläge machen.

3. die **K**üche   das **Sch**lafzimmer
die **V**eranda   das **W**ohnzimmer

4. a) Hier können wir dir keinen Lösungsvorschlag machen.

b) Vergleiche deine Lösung mit der Lösung eines anderen Kindes.

Lösungen und Lösungsvorschläge zu den Aufgaben von Kapitel 4: **4**

1. Die richtige Antwort ist:

Ein Sachensucher ist jemand, der Sachen findet.

2. **G**old, **F**edern, **Kn**allbonbons

3. Vergleiche deine Lösung mit der Lösung eines anderen Kindes.

4. a) Sicher hast du die Dose entdeckt:

b) Vergleiche deine Lösung mit der Lösung eines anderen Kindes.

**Lösungen und Lösungsvorschläge
zu den Aufgaben von Kapitel 5:**

5

1. Die richtige Antwort ist: ☒ **Willi**

2. Die richtige Antwort ist: ☒ **5**

3. Diese Adjektive könntest du eingekreist haben:

ängstlich, hilflos, allein, schutzlos, wütend

4. Hier können wir euch keinen Lösungsvorschlag machen.

5. | B | e | n | n | o |

6. a) Hier können wir dir keinen Lösungsvorschlag machen.

b) „Heda. Wollt ihr Mus aus Willi machen?",
sagt **Pippi** zu den Jungen.
„Jungs! Lasst Willi los. So was habt ihr noch nicht gesehen",
ruft **Benno**, der Anführer.
„Rotfuchs! Rotfuchs!", riefen die fünf **Jungen** jetzt gemeinsam.

7. Hier können wir dir keinen Lösungsvorschlag machen.

8. a) Hier können wir dir auch keinen Lösungsvorschlag machen.

b) ④ Den vierten Jungen wirft Pippi über einen Zaun
in ein Blumenbeet.
① Pippi hebt Benno hoch in die Luft und hängt ihn
über den Ast eines Baumes.
⑤ Den fünften Jungen setzt sie in ein kleines Spielzeugauto.
② Den zweiten Jungen hängt Pippi über einen anderen Ast
des Baums.
③ Pippi setzt den dritten Jungen auf einen Torpfosten
vor einer Villa.

9. Hier können wir euch keinen Lösungsvorschlag machen.

10. Das könnte Pippi noch verkehrt herum machen:

Pippi könnte auf ihren Händen gehen.
Pippi könnte unter dem Tisch frühstücken.
Pippi könnte sich unter einen Stuhl setzen.

Lösungen und Lösungsvorschläge
zu den Aufgaben von Kapitel 6:

1. Hier können wir dir keinen Lösungsvorschlag machen.

2. Im Heim leben die Kinder mit **Erzieherinnen** und **Erziehern** zusammen.

3. Vergleiche dein Bild mit dem Bild eines anderen Kindes.

4. Hier können wir dir keinen Lösungsvorschlag machen.

5. Sicher hast du dieses Zeichen eingekreist:

6. **a)** Hier können wir dir keinen Lösungsvorschlag machen.

   b) Pippi macht zuerst einen **Sprung**
   auf das Verandageländer.

   Mit ein paar Sätzen war sie
   auf dem **Balkon** über der Veranda.

   Als die Polizisten auf den Balkon kommen,
   ist Pippi schon halb auf dem **Dach**.

   Pippi klettert auf den **Schornstein**.

1. a) Sicher hast du diese Uhr angekreuzt:

b) Hier können wir dir keinen Lösungsvorschlag machen.

2. Vergleiche deine Lösung mit der Lösung eines anderen Kindes.

3. Pippi heißt: **Pippilotta Viktualia Rollgardina Pfefferminz** Efraimstocher Langstrumpf.

4. a) und b) Hier können wir euch keine Lösungsvorschläge machen.

c) und d) So könntet ihr die Aufgaben gelöst haben:

Anna – **B**enjamin – **C**laudia – **D**eniz – **E**sma – **F**lorian – **G**isela – **H**akan – **I**lona – **J**erzy – **K**atrin – **L**uis – **M**ilan – **N**atalia – **O**livia – **P**avel – **Q**uentin – **R**ita – **S**unia – **T**arek – **U**lrike – **V**alentin – **W**ladimir – **X**enia – **Y**asemin – **Z**acharias

5. Hier können wir dir keinen Lösungsvorschlag machen.

Lösungen und Lösungsvorschläge zu den Aufgaben von Kapitel 8:

8

1. a)
   1 + **11** = 12
   2 + **10** = 12
   3 + **9** = 12
   4 + **8** = 12
   5 + **7** = 12

b) Sicher hast du diese Zahlenpaare miteinander verbunden:

2. a) und b) Hier können wir dir keine Lösungsvorschläge machen.

c) Vergleiche dein Bild mit dem Bild eines anderen Kindes.

3., 4. und 5. Hier können wir euch keinen Lösungsvorschlag machen.

8

Lösungen und Lösungsvorschläge zu den Aufgaben von Kapitel 9:   9

1. a) Hier können wir euch keinen Lösungsvorschlag machen.

   b) Auf dem Bild ist eine **Sch**lange.

2. a) Hier können wir dir keinen Lösungsvorschlag machen.

   b) Pinguin, **I**gel, **P**inguin, **P**inguin, **I**gel

   c) Pippi

3. a) und b)
Hier können wir dir keine Lösungsvorschläge machen.

4. a) und b)
Hier können wir euch keine Lösungsvorschläge machen.

5. a), b), c) und d)
Hier können wir dir keine Lösungsvorschläge machen.

Lösungen und Lösungsvorschläge zu den Aufgaben von Kapitel 10:   10

1. a) Hier können wir dir keinen Lösungsvorschlag machen.

   b) Die richtige Antwort ist:

    ☒ die Scheuerbürste

2. a), b) und c)
Hier können wir dir keinen Lösungsvorschlag machen.

3. a) und b) Hier können wir dir keine Lösungsvorschläge machen.

4. Hier können wir dir keinen Lösungsvorschlag machen.

1. Die Kinder machen den Ausflug im **September.**

2. Die Antwort ist:

Der September ist ein Monat im Herbst.

3. Vergleiche dein Bild mit dem Bild eines anderen Kindes.

4. Sicher hast du diese Bilder durchgestrichen:

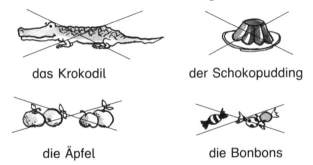

| das Krokodil | der Schokopudding |

| die Äpfel | die Bonbons |

5. a), b), c), d) und e)
Hier können wir dir keine Lösungsvorschläge machen.

1. Hier können wir dir keinen Lösungsvorschlag machen.

2. Die richtigen Antworten sind:

☒ ein Seil
☒ ein Brett

3. Hier können wir dir keinen Lösungsvorschlag machen.

4. Hier können wir dir keinen Lösungsvorschlag machen.

5. Die richtigen Antworten sind:

☒ Mit Feuer spielt man nicht.
☒ Feuer macht Licht.
☒ Feuer kann gefährlich sein.
☒ Feuer gibt Wärme.

6. a) Hier können wir dir keinen Lösungsvorschlag machen.

b) die Feuerwehr, die Feuerleiter, das Feuerzeug,
der Feueralarm, der Feuerlöscher

7. a), b) und c)
Hier können wir euch keine Lösungsvorschläge machen.

Lösungen und Lösungsvorschläge zu den Aufgaben von Kapitel 13:

1. und 2. Hier können wir euch keine Lösungsvorschläge machen.

3. Thomas

Annika

die Brosche
(die Anstecknadel)

die Flöte

4. Hier können wir dir keinen Lösungsvorschlag machen.

5. a) Hier können wir dir keinen Lösungsvorschlag machen.

b) So könntest du die Fragen beantwortet haben:

Eine Maus ist **klein**. Sie kann sich gut verstecken.
Ein Elefant ist **groß**. Er kann sich gut verteidigen.

c) Hier können wir dir keinen Lösungsvorschlag machen.

6. Hier können wir euch keinen Lösungsvorschlag machen.

7. a) Hier können wir dir keinen Lösungsvorschlag machen.

b) Vergleiche dein Bild mit dem Bild eines anderen Kindes.

8. und 9. Hier können wir dir keinen Lösungsvorschlag machen.

Bravo!
Jetzt hast du
alle Aufgaben
gelöst!

5. **Wie heißt der Anführer der Jungen?**
Die Buchstaben des Namens
sind durcheinandergeraten.
Schreibe den Namen richtig in die Kästchen.

noBen

6. **Pippi geht auf die Jungen zu. Wer sagt was?**

a) **Lies das Gespräch.**

b) **Ergänze die Sätze.**

„Heda. Wollt ihr Mus aus Willi machen?",

sagt ⬜⬜ p ⬜ zu den Jungen.

„Jungs! Lasst Willi los. So was habt ihr noch nicht

gesehen", ruft ⬜⬜⬜⬜ , der Anführer.

„Rotfuchs! Rotfuchs!", riefen

die fünf ⬜ u ⬜⬜ ⬜

jetzt gemeinsam.

7. **Ein „Rotfuchs" ist ein Fuchs.**
Diese Füchse haben meist rotbraunes Fell.
Warum nennen die Jungen Pippi wohl „Rotfuchs"?
Erklärt in der Klasse.

8. Pippi lässt sich nichts gefallen.
Was tut sie der Reihe nach?

a) Lies die Sätze.

b) Nummeriere die Sätze
in der richtigen Reihenfolge.

☐ Den vierten Jungen wirft Pippi über einen Zaun
in ein Blumenbeet.

☐ Pippi hebt Benno hoch in die Luft und
hängt ihn über den Ast eines Baumes.

☐ Den fünften Jungen setzt sie
in ein kleines Spielzeugauto.

☐ Den zweiten Jungen hängt Pippi
über einen anderen Ast des Baums.

☐ Pippi setzt den dritten Jungen
auf einen Torpfosten vor einer Villa.

**9. Stellt euch vor, auf eurem Schulhof ärgern
fünf Jungen einen Schüler.
Wie könnt ihr dem Schüler helfen,
ohne euch selbst in Gefahr zu bringen?
Was könnt ihr sagen?
Wen könnt ihr zu Hilfe holen?
Sammelt Vorschläge an der Tafel.**

**10. Pippi liegt verkehrt herum im Bett.
Was könnte Pippi noch verkehrt herum machen?
Erzählt in der Klasse.
Tipp: Die Bilder helfen euch.**

Kapitel 6

1 **I**n der kleinen Stadt wurde bekannt,

2 dass ein neunjähriges Mädchen allein

3 in der Villa Kunterbunt wohnte.

4 Die Mütter und Väter in der Stadt fanden:

5 Das geht nicht. Alle Kinder müssen

6 jemanden haben, der sie ermahnt.

7 Alle Kinder müssen in die Schule gehen.

8 Alle Mütter und Väter fanden,

9 das kleine Mädchen müsse in ein Kinderheim.

10 Pippi hatte Thomas und Annika

11 zum Keksessen eingeladen.

12 Auf einmal kamen zwei Polizisten in Uniform

13 durch die Gartentür.

14 „Oh", sagte Pippi, „ich muss heute einen Glückstag

15 haben. Polizisten sind das Beste, was ich kenne –

16 gleich nach Kompott."

17 Sie ging den Polizisten entgegen und strahlte.

18 Die Polizisten erzählten Pippi, sie habe ab sofort

19 einen Platz in einem Kinderheim.

20 „Ich hab schon einen Platz in einem Kinderheim",

21 sagte Pippi.

22 „Was sagst du? Ist das schon geregelt?",

23 fragte der eine Polizist. „Wo ist das Kinderheim?"

24 „Hier", sagte Pippi stolz.

25 „Ich bin ein Kind, und das hier ist mein Heim.

26 Also ist es ein Kinderheim.

27 Und Platz habe ich hier. Reichlich Platz."

28 „Ihr müsst euch von anderswoher Kinder besorgen.

29 Ich habe nicht die Absicht, dahin zu gehen."

30 „Aber begreifst du nicht? Du musst

31 in die Schule gehen", sagte der Polizist.

32 „Wozu muss man in die Schule gehen?"

33 „Um alles Mögliche zu lernen natürlich."

34 „Was alles?", fragte Pippi.

35 „Vieles", sagte der Polizist. „Eine ganze Menge

36 nützlicher Sachen. Zum Beispiel Multiplikation,

37 weißt du, das Einmaleins."

38 „Ich bin gut neun Jahre ohne Plutimikation

39 zurechtgekommen", sagte Pippi.

40 „Da wird es auch weiter so gehen."

41 Aber jetzt sagte einer der Polizisten: „Glaub bloß

42 nicht, du kannst machen, was du willst!

43 Sofort kommst du mit ins Kinderheim."

44 Er ging auf sie zu und griff sie am Arm.

45 Aber Pippi machte sich schnell los. Sie tippte ihn

46 ein bisschen an und sagte: „Fang mich!"

47 Und ehe er es fassen konnte, hatte sie

48 einen Sprung auf das Verandageländer gemacht.

49 Mit ein paar Sätzen war sie auf dem Balkon

50 über der Veranda.

51 Die Polizisten hatten keine Lust, ihr nachzuklettern.

52 Sie liefen ins Haus und in das obere Stockwerk.

53 Aber als sie auf den Balkon kamen,

54 war Pippi schon halb auf dem Dach.

55 Sie kletterte, als ob sie ein Affe wäre.

56 Schon sprang sie auf den Schornstein.

57 Unten auf dem Balkon standen

58 die beiden Polizisten.

59 Sie rauften sich die Haare.

60 „Ist das lustig, Fangen zu spielen!", schrie Pippi.

61 „Und wie nett von euch, herzukommen. Auch heute

62 hab ich einen Glückstag, das ist klar."

63 Aber die Polizisten waren wirklich hinterlistig.

64 Denn sobald sie wieder unten war,

65 stürzten sie sich auf Pippi.

66 Sie schrien: „Jetzt kriegst du es aber,

67 du abscheuliches Ding!"

68 Aber Pippi sagte: „Nein, jetzt hab ich

69 keine Zeit mehr, weiterzuspielen.

70 Obwohl es ja ganz lustig ist."

71 Und sie packte die beiden Polizisten am Gürtel.

72 Sie trug sie den Gartenweg entlang und

73 durch die Gartentür auf die Straße hinaus.

74 Dort setzte sie sie ab.

75 Dann ging sie zurück zu Thomas und Annika.

76 Die standen staunend da.

77 Und die Polizisten liefen davon.

78 Zurück in der Stadt erzählten sie

79 allen Müttern und Vätern, Pippi wäre

80 für ein Kinderheim nicht richtig geeignet.

Fortsetzung folgt

1. Die Polizisten wollen Pippi in ein Kinderheim bringen. Was ist ein Kinderheim? Lies den folgenden Sachtext.

> Ein Heim für Kinder
>
> 1 Kinder, die **nicht bei ihrer Familie leben**
> 2 **können** oder die **keine Eltern haben,**
> 3 bekommen **einen Platz in einem Heim.**
> 4 Das heißt, sie **wohnen, essen, schlafen und**
> 5 **spielen** dort.
> 6 Im Heim leben **die Kinder mit Erzieherinnen**
> 7 **und Erziehern zusammen** in einem Haus.

2. Mit wem leben die Kinder in einem Heim zusammen? Ergänze die fehlenden Buchstaben. Tipp: Lies noch einmal den Sachtext.

Im Heim leben die Kinder mit

E r z i e h e r ⬜ ⬜ ⬜ und

E r z ⬜ ⬜ r n zusammen.

3. Wie stellst du dir das Leben in einem Kinderheim vor? Male ein Bild.

4. Zeigt eure Bilder in der Klasse. Ihr könnt sie auch in der Klasse aufhängen.

5. Pippi soll zur Schule gehen und Rechnen lernen.
Sie soll Malnehmen (Multiplikation) lernen.
Welches Rechenzeichen benutzt man
beim Malnehmen?
Kreise ein.   **+**   **-**   **:**   **.**

6. Pippi spielt mit den Polizisten Fangen.
Hier kannst du Fangen spielen:

a) Fang dir die Buchstaben. Bilde mit ihnen Nomen.
Tipp: Nomen werden großgeschrieben.

b) Ergänze die fehlenden Nomen in den Sätzen.

Pippi macht zuerst einen _____

auf das Verandageländer.   g   n   u   p   S   r

Mit ein paar Sätzen war sie auf dem _____

über der Veranda.   k   l   o   n   B   a

Als die Polizisten auf den Balkon kommen, ist Pippi

schon halb auf dem _____.   h   a   c   D

Pippi klettert auf den *Sch*_____.

o   ~~Sch~~   r   n   e   i   n   s   t

39

Kapitel 7

1   **E**ines Nachmittags sagte Pippi zu Thomas und
2   Annika: „In vier Monaten kriegt ihr Weihnachtsferien.
3   Aber ich, was krieg ich?
4   Nicht das allerkleinste bisschen Weihnachtsferien!
5   Das muss anders werden.
6   Morgen fange ich mit der Schule an."
7   „Hurra! Dann warten wir auf dich um acht Uhr
8   vor unserer Tür", rief Thomas.
9   „Nee, nee", sagte Pippi,
10 „so früh kann ich nicht anfangen.
11 Und übrigens reite ich zur Schule."

12 Und das tat sie.

13 Pünktlich um zehn Uhr am nächsten Tag

14 ritt Pippi in den Schulhof hinein.

15 Sie sprang vom Pferd und band es an einen Baum.

16 Dann riss sie die Tür zum Klassenzimmer auf.

17 „Hallo!", rief Pippi und schwenkte ihren großen Hut.

18 „Komme ich gerade richtig zur Plutimikation?"

19 Die Lehrerin sagte ganz freundlich:

20 „Willkommen in der Schule, kleine Pippi.

21 Ich hoffe, dass es dir gefällt.

22 Und dass du recht viel lernst."

23 „Ja, und ich hoffe, dass ich Weihnachtsferien krieg",

24 sagte Pippi. „Deshalb bin ich hergekommen.

25 Gerechtigkeit vor allem!"

26 „Sag mir erst einmal deinen vollständigen Namen",

27 sagte die Lehrerin.

28 „Ich heiße Pippilotta Viktualia Rollgardina

29 Pfefferminz Efraimstochter Langstrumpf,

30 Tochter von Kapitän Efraim Langstrumpf,

31 früher der Schrecken der Meere, jetzt König.

32 Pippi ist eigentlich nur mein Kosename.

33 Papa meinte, Pippilotta wäre zu lang."

34 „Aha", sagte die Lehrerin.

35 „Dann wollen wir dich also auch Pippi nennen."

Fortsetzung folgt

1. Pippi will eines Tages zur Schule gehen.

a) Pippi kommt um zehn Uhr in die Schule.
Welche Uhr zeigt zehn Uhr?
Kreuze an.

❑    ❑   ❑

b) Um wie viel Uhr musst du
zur ersten Stunde
in der Schule sein?

2. Pippi reitet zur Schule.
Wie kommst du zur Schule?
Male das passende Bild farbig aus.

3. Pippi hat mehrere Vornamen.
   Wie heißt sie? Schreibe auf die Linien.
   Tipp: Lies noch einmal Seite 41.

Pippi heißt: *P* _____ *V* _____
R _____ *Pf* _____

Efraimstocher Langstrumpf.

4. Es gibt viele verschiedene Namen.
   Sucht Namen mithilfe des Alphabets.

a) Bildet Gruppen.

b) Wer darf beginnen?
   Legt eine Reihenfolge in der Gruppe fest.

c) Schreibt das Alphabet von A bis Z auf.
   Schreibt die Buchstaben untereinander auf.
   Das erste Kind schreibt „A", das zweite „B" …

d) Schreibt zu jedem Buchstaben einen Namen auf.
   Beginnt mit „A", dann „B", „C" …

5. Wie würdest du gern heißen?
   Schreibe deinen Wunschnamen
   auf ein Blatt Papier. Du kannst auch
   einen Schmuckrand um den Namen malen.

Kapitel 8

1 „**W**as meinst du", sagte

2 die Lehrerin. „Wollen wir

3 jetzt nicht mal sehen,

4 was du weißt? Wir wollen

5 mit Rechnen anfangen.

6 Na, Pippi, kannst du mir sagen,

7 wie viel 7 plus 5 ist?"

8 Pippi sah die Lehrerin erstaunt und ärgerlich an.

9 Dann sagte sie: „Ja, wenn du das nicht selbst weißt.

10 Denk ja nicht, dass ich es dir sage."

11 Alle Kinder starrten Pippi entsetzt an.

12 Die Lehrerin erklärte ihr, dass man in der Schule

13 nicht so antworten dürfe. Dann sagte sie:

14 „Man darf die Lehrerin auch nicht mit ‚Du' anreden.

15 Du musst ‚Sie' sagen."

16 „Ich bitte sehr um Verzeihung", sagte Pippi.

17 „Ich will es nicht wieder tun."

18 „Das will ich hoffen", sagte die Lehrerin.

19 „Und jetzt will ich dir sagen: 7 plus 5 ist 12."

20 „Sieh mal an", sagte Pippi, „du wusstest es ja.

21 Warum fragst du dann? Ach, ich Schaf, jetzt

22 habe ich wieder ‚Du' gesagt. Verzeihung",

23 sagte sie und kniff sich selbst ordentlich ins Ohr.

24 Die Lehrerin ging darüber hinweg.

25 „Na Pippi, wie viel ist 8 plus 4?"

26 „So ungefähr 67", meinte Pippi.

27 „Aber nein", sagte die Lehrerin, „8 plus 4 ist 12."

28 „Nein, meine Liebe, das geht zu weit", sagte Pippi.

29 „Eben erst hast du gesagt, 7 plus 5 ist 12.

30 Ordnung muss sein. Selbst in einer Schule.

31 Übrigens, wenn du solche Dummheiten magst:

32 Warum setzt du dich nicht allein in eine Ecke?

33 Dort kannst du rechnen und wir können spielen. –

34 Aber nein, jetzt sage ich ja wieder ‚Du'!",

35 schrie sie entsetzt. „Kannst du mir

36 nur noch einmal verzeihen?"   Fortsetzung folgt

**1. Pippi wird in der Schule von der Lehrerin
in Rechnen geprüft.
Hier ist eine neue Aufgabe der Lehrerin.
Hilf Pippi, sie zu lösen. Du kannst auch
mit einem anderen Kind zusammen rechnen.**

**a) Welche Zahlenpaare ergeben
zusammengerechnet 12? Rechne.
Trage jeweils die richtige Zahl
in die Kästchen ein.**

$1 + \boxed{} = 12$

$2 + \boxed{} = 12$

$3 + \boxed{} = 12$

$4 + \boxed{} = 12$

$5 + \boxed{7} = 12$

**b) Verbinde jedes Zahlenpaar im Bild
mit einer Linie. Benutze ein Lineal.**

2. Mit Zahlen kann man nicht nur rechnen.
   Hast du eine Lieblingszahl?

a) **Schreibe eine Zahl auf.**

b) **Male die Zahl farbig aus.**
   Du kannst ihr auch ein Gesicht malen.

c) **Male etwas Lustiges hinzu.**
   Regnet es vielleicht und die Zahl hat
   einen Schirm dabei?

3. Stellt euch vor, ihr gründet eine eigene Schule.
Wie soll eure „Kinderschule" sein?
Sprecht über folgende Fragen:

- **An welchen Tagen ist die Kinderschule geöffnet?**
- **Um wie viel Uhr beginnt die Kinderschule?**
- **Um welche Uhrzeit ist die Schule aus?**
- **Welche Fächer soll es geben?**

Stundenplan			
Zeit	Montag	Dienstag	Mittwoch

4. Entscheidet nun gemeinsam,
wie die „Kinderschule" sein soll.
Schreibt Stichworte dazu auf. Schreibt die Fragen
von Seite 48 und die Stichworte an die Tafel.

5. Schreibt einen Stundenplan
für eure „Kinderschule".
Tipp: Die Stichworte an der Tafel helfen euch.

Stundenplan			
Donnerstag	Freitag	Samstag	Sonntag

Kapitel 9

1 **D**ie Lehrerin meinte, dass Pippi lieber lesen lernen
2 würde. Sie holte ein kleines, hübsches Bild hervor.
3 Darauf war ein Igel zu sehen.
4 „Jetzt, Pippi, zeig ich dir was Schönes", sagte sie.
5 „Hier siehst du einen Igel. Der erste Buchstabe
6 von ‚Igel' heißt I."
7 „Ach, das glaub ich im Leben nicht", sagte Pippi.
8 „Ich finde, das sieht aus wie ein gerader Strich
9 mit einem kleinen Fliegendreck drauf.
10 Aber ich möchte wirklich gern wissen, was der Igel
11 mit dem Fliegendreck zu tun hat."

12 Die Lehrerin nahm das nächste Bild,

13 auf dem eine Schlange zu sehen war.

14 „Da wir gerade von Schlangen reden", sagte Pippi,

15 „ich werde niemals vergessen, wie ich

16 mit der Riesenschlange in Indien gekämpft hab.

17 Das war so eine grässliche Schlange.

18 Sie war vierzehn Meter lang und wütend

19 wie eine Biene.

20 Jeden Tag fraß sie fünf Inder und

21 zwei kleine Kinder zum Nachtisch.

22 Einmal wollte sie mich zum Nachtisch haben.

23 Sie wand sich um mich herum – kratsch –,

24 aber ‚Man ist schließlich Seefahrer gewesen',

25 sagte ich. Ich gab ihr eins auf den Kopf

26 – bum –, und da zischte sie – uiuiuiuitsch –!

27 Und da schlug ich noch einmal zu –

28 bum – und hapuh –. Dann starb sie – ja, ach so …"

29 Pippi musste etwas Atem holen.

30 Jetzt war die Geduld der Lehrerin zu Ende.

31 Sie bat die Kinder, auf den Schulhof

32 hinauszugehen. Sie wollte mit Pippi sprechen.

33 Als die Lehrerin und Pippi allein waren,

34 stand Pippi schnell auf und ging zum Pult.

35 „Weißt du was", sagte sie,

36 „es war furchtbar lustig, dass ich hier war.

37 Jetzt weiß ich, wie es bei euch ist.

38 Aber ich glaube nicht, dass ich weiter

39 in die Schule gehen möchte. Ich hoffe,

40 dass du deswegen nicht traurig bist."

41 Aber da antwortete die Lehrerin:

42 „Doch, ich bin sehr traurig. Vor allen Dingen,

43 weil du dich nicht ordentlich benimmst."

44 „Hab ich mich schlecht benommen?", fragte Pippi.

45 „Aber, das wusste ich doch nicht", sagte sie.

46 Sie sah ganz unglücklich aus. Keiner konnte

47 so traurig aussehen wie Pippi.

48 Da sagte die Lehrerin, sie wäre nicht mehr böse

49 auf Pippi. Vielleicht sollte Pippi später wieder

50 in die Schule kommen, wenn sie etwas älter wäre.

51 Und da antwortete Pippi freudestrahlend:

52 „Ich finde, du bist furchtbar nett."

53 Dann stürmte Pippi auf den Schulhof hinaus.

54 Mit einem Satz sprang sie aufs Pferd.

55 Pippi schwenkte ihren großen Hut.

56 „Tschüs, Kinder!", rief sie vergnügt.

57 Mit schallendem Gelächter ritt Pippi durch

58 die Pforte. Steinchen flogen um die Pferdehufe

59 und die Fensterscheiben der Schule klirrten.

Fortsetzung folgt

1. Die Lehrerin zeigt das Bild von einem Igel.
„I" ist der Anfangsbuchstabe von „Igel".

a) Die Lehrerin zeigt auch dieses Bild. Sieh dir das Bild an.

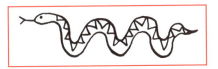

b) Welches Tier ist auf dem Bild? Ergänze die Anfangsbuchstaben.

Auf dem Bild ist eine ☐ chlange.

2. Mit Tierbildern kann man eine Geheimschrift erfinden.

a) Sieh dir mit einem anderen Kind zusammen die Tierbilder an.
Welche Tiere sind zu sehen?

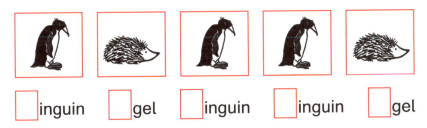

☐ inguin   ☐ gel   ☐ inguin   ☐ inguin   ☐ gel

b) Ergänze die Anfangsbuchstaben.

c) Die Anfangsbuchstaben ergeben einen Namen. Schreibe sie der Reihe nach in die Kästchen.

☐ ☐ ☐ ☐ ☐

3. Übe die Geheimschrift.

a) Schreibe ein Wort in Geheimschrift auf.
Wähle ein Wort mit höchstens fünf Buchstaben.
Male passende Tiere anstelle der Buchstaben.
Tipp: Wenn dir zu einem Buchstaben kein Tier
einfällt, schlage in einem Lexikon nach.

b) Wer kann die Geheimschrift lesen?
Zeige anderen Kindern und Erwachsenen
das geheime Wort.

4. Pippi möchte das Lesen üben.
Welche Geschichte könnte Pippi Spaß machen?

a) Welche Geschichten habt ihr schon gelesen?
Welche Geschichten haben euch gefallen?
Sprecht in der Klasse darüber.

b) Sammelt Tipps für Pippi an der Tafel.
Schreibt Titel von Geschichten oder Büchern auf.

5. Pippi würde gern mehr von dir über das Lesen erfahren.
Beantworte Pippis Fragen.

a) Wo liest du am liebsten?

Ich lese am liebsten _____ .

b) Welche Geschichten magst du am liebsten?
Märchen? Gruselgeschichten?
Geschichten mit Tieren? …?

Ich mag am liebsten _____ .

c) Wie heißt dein Lieblingsbuch?

Mein Lieblingsbuch heißt

_____

_____

d) Bekommst du gern vorgelesen?
Oder liest du lieber selbst?

Ich _____ .

Kapitel 10

1 „**H**eute brauchen wir nicht in die Schule zu gehen",

2 sagte Thomas zu Pippi,

3 „denn wir haben Scheuerferien."

4 „Ha", schrie Pippi, „schon wieder eine

5 Ungerechtigkeit! Ich kriege keine Scheuerferien,

6 obwohl ich sie nötig brauche. Guck bloß,

7 wie der Küchenfußboden aussieht!

8 Aber ich kann auch ohne Scheuerferien scheuern.

9 Setzt euch auf den Küchentisch,

10 dann steht ihr nicht im Weg."

11 Thomas und Annika kletterten gehorsam

12 auf den Tisch. Herr Nilsson sprang auch hinauf.

13 Pippi wärmte einen großen Kessel Wasser. Dann

14 goss sie es einfach auf den Küchenfußboden.

15 Nun zog sie ihre großen Schuhe aus und legte sie

16 ordentlich auf den Brotteller.

17 Danach band sie zwei Scheuerbürsten

18 an ihre bloßen Füße. Damit lief Pippi

19 über den Fußboden Schlittschuh. Es spritzte nur so,

20 wenn sie durchs Wasser pflügte.

21 „Ich hätte eigentlich Schlittschuhprinzessin werden

22 sollen", sagte sie und hob ein Bein in die Luft hoch.

23 Dabei schlug die Scheuerbürste an

24 ihrem linken Fuß ein Stück der Hängelampe kaputt.

25 „Grazie und Anmut habe ich aber", fuhr sie fort.

26 Pippi machte einen kühnen Sprung

27 über einen Stuhl, der ihr im Weg stand.

28 „So, jetzt ist es wohl sauber", sagte sie schließlich.

29 „Wischst du den Fußboden nicht trocken?",

30 fragte Annika.

31 „Nee, den kann die Sonne trocknen", sagte Pippi.

32 „Ich glaube nicht, dass er sich erkältet."

33 Thomas und Annika kletterten vom Tisch herunter.

34 Vorsichtig gingen sie über den Fußboden,

35 um nicht nass zu werden.   Fortsetzung folgt

1. Thomas und Annika erzählen Pippi,
dass sie „Scheuerferien" haben.
Woran könnte Pippi
in diesem Moment denken?

a) Sieh dir das Bild an.

b) Welches Nomen passt
zu dem Bild? Kreuze an.

❏ die Haarbürste
❏ die Scheuerbürste
❏ die Zahnbürste

2. Pippi hat einen lustigen neuen Sport erfunden:
das Scheuerbürsten-Schlittschuhlaufen.
Erfinde auch eine neue Sportart.
Nimm dir ein Blatt Papier.

a) Wie heißt deine neue Sportart?
Schreibe auf dein Blatt.

b) Stell dir vor, du machst diese neue Sportart.
Welche Kleidung trägst du? Was brauchst du?
Male ein passendes Bild auf dein Blatt.

c) Stelle die neue Sportart mithilfe des Bildes
in der Klasse vor.

3. Stell dir vor, du könntest deine Ferien
in der Villa Kunterbunt verbringen.

a) Was könntest du mit Pippi Schönes machen?
Überlege zusammen mit einem anderen Kind.

b) Schreibe Stichworte in dein Heft.

4. Diesen Brief könntest du Pippi schreiben.
Ergänze die Sätze. Vergiss deinen Namen nicht.

Liebe Pippi,

ich möchte dich in den nächsten Ferien

gern _____ .

Dann können wir _____
_____
_____ .

Oder wir _____
_____
_____ .

Hast du Lust?

Liebe Grüße

_____
_____

Kapitel 11

1 **D**raußen schien die Sonne
2 von einem knallblauen Himmel.
3 Es war ein strahlender Tag
4 im September.
5 Man bekam große Lust, in den Wald
6 zu gehen.
7 Pippi hatte eine Idee:
8 „Wollen wir einen kleinen Ausflug machen?"
9 „O ja", riefen Thomas und Annika begeistert.
10 „Lauft nach Hause und fragt eure Mama.
11 Dann mach ich inzwischen einen Korb zurecht."

12 Die Kinder gingen los, zuerst ein Stück
13 die Landstraße entlang.
14 Dann bogen sie in ein Wäldchen ein.
15 Ein kleiner hübscher Weg schlängelte sich
16 zwischen Birken und Haselnusssträuchern.

17 „So ein wunderschönes Wäldchen!", rief Annika.
18 Sie kletterte auf alle Steine, die sie sah.
19 Thomas schnitt für sich und Annika Wanderstäbe.
20 „Was hast du im Korb?", fragte Annika.
21 „Ist es etwas Gutes?"
22 „Das sage ich nicht für tausend Kronen",
23 versicherte Pippi. „Erst wollen wir
24 einen schönen Platz suchen,
25 wo wir auspacken können."
26 Die Kinder fingen an, eifrig einen solchen Platz
27 zu suchen.
28 Ein Stück weiter weg war ein kleiner Berg.
29 Auf dem Berg war ein kleiner,
30 sonniger Vorsprung, genau wie ein Balkon.
31 Da setzten sie sich hin.

32 „Jetzt müsst ihr die Augen zumachen", sagte Pippi.
33 Thomas und Annika kniffen die Augen zu,
34 so fest sie konnten.
35 Sie hörten, wie Pippi den Korb aufmachte
36 und mit Papier raschelte.

37 „Eins, zwei, neunzehn, jetzt könnt ihr gucken",

38 sagte Pippi schließlich.

39 Und da guckten sie.

40 Sie schrien vor Begeisterung, als sie

41 all die guten Sachen sahen.

42 Pippi hatte auf dem kahlen Felsen aufgetischt:

43 kleine Butterbrote mit Fleischklops und Schinken,

44 viele Eierpfannkuchen mit Zucker drauf,

45 einige Würstchen und dreimal Ananaspudding.

46 Ja, Pippi hatte bei dem Koch auf dem Schiff

47 ihres Vaters kochen gelernt.

48 „Oh, wie schön ist doch ein Ausflug", sagte

49 Thomas, den Mund voll Eierpfannkuchen.

50 „Das sollte man jeden Tag machen."

51 Schließlich waren die Kinder so satt,

52 dass sie sich kaum rühren konnten.

53 Später wanderten sie nach Hause.

54 Thomas und Annika fanden,

55 das war ein wunderbarer Ausflug.

56 Sie sangen ein Lied, das sie in der Schule

57 gelernt hatten. Es war eigentlich ein Sommerlied

58 und jetzt war es ja bald Herbst.

59 Aber sie fanden, dass es trotzdem gut passte.

Fortsetzung folgt

1. Pippi, Annika und Thomas machen einen Ausflug.
In welchem Monat machen sie den Ausflug?
Ergänze den Namen des Monats.
Trage die Buchstaben richtig in die Kästchen ein.

> t / e / S / m / b / e / e / r / p

Die Kinder machen den Ausflug

im ⬜⬜⬜⬜⬜⬜⬜⬜⬜ .

2. Zu welcher Jahreszeit gehört dieser Monat?
Lies die Antwort am Faden.
Beginne bei „Der …"

Der September

ein Monat

ist

im Herbst.

3. Es gibt den Frühling, den Sommer, den Herbst
und den Winter.
Welche Jahreszeit magst du am liebsten?
Was kann man dann Schönes machen?
Male und klebe auf einem großen Blatt Papier.

**4. Pippi hat einen Korb für ein Picknick dabei.
Was ist in dem Korb? Was ist nicht in dem Korb?
Streiche die falschen Bilder durch.**

die Butterbrote   die Äpfel

das Krokodil   die Eierpfannkuchen

die Würstchen   die Bonbons

der Schokopudding   der Ananaspudding

5. Stell dir vor, du machst einen Ausflug.

**a) Mit wem möchtest du den Ausflug machen?
Schreibe auf die Linien.**

Ich möchte den Ausflug mit _____

_____ machen.

b) Wohin soll der Ausflug gehen? Unterstreiche.

auf einen Berg   auf einen Spielplatz
an einen See   in einen Wald

c) Was willst du mitnehmen? Kreuze an.

❏ einen Sonnenhut   ❏ eine Regenjacke
❏ eine Decke   ❏ Spielzeug
❏ eine Taschenlampe   ❏ eine Landkarte
❏ Badesachen   ❏ Wanderschuhe
❏ etwas zu essen   ❏ etwas zu trinken

d) Wohinein packst du die Sachen?
Male das passende Bild farbig aus.

e) Wie erreichst du das Ausflugsziel?
Beantworte die Frage
mit einem vollständigen Satz.
Tipp: Du kannst Wörter oder Wortgruppen
aus dem Kasten auswählen.

> gehe / fahre / mit dem Zug / zu Fuß /
> mit dem Bus / mit dem Auto / mit dem Fahrrad

Ich _____ .

Kapitel 12

1 **D**ie kleine Stadt, in der Pippi wohnte, hatte

2 natürlich einen Marktplatz. Da standen

3 ein kleines, gelb gestrichenes Rathaus und

4 mehrere alte, einstöckige Gebäude.

5 Ein großes Haus gab es auch dort.

6 Es wurde „Wolkenkratzer" genannt. Es war

7 höher als alle anderen Häuser der Stadt.

8 An einem Sonntagnachmittag hörte man plötzlich:

9 „Es brennt im Wolkenkratzer! Feuer!"

10 Von allen Seiten kamen Leute angelaufen.

11 Ein Feuerwehrauto fuhr mit Sirene

12 durch die Straßen.

13 Aus den Fenstern des Wolkenkratzers

14 schlugen lodernde Flammen.

15 Die Feuerwehrmänner gingen mutig daran,

16 das Feuer zu löschen.

17 Das Feuer breitete sich schnell aus.

18 Doch was war das?

19 Ganz hoch oben im Haus unterm Dach

20 war ein Zimmer. An diesem Fenster standen

21 zwei kleine Jungen und riefen um Hilfe.

22 „Wir können nicht raus!", schrie der größere.

23 Der Feuerwehrhauptmann sah besorgt aus.

24 Denn die Leiter des Feuerwehrautos reichte nicht

25 so hoch hinauf. Es war aber unmöglich,

26 ins Haus hineinzugehen, um die Kinder zu holen.

27 Mitten unter den Menschen auf dem Marktplatz

28 saß Pippi auf ihrem Pferd.

29 „Kann jemand ein Seil beschaffen?", fragte sie.

30 „Was soll das für einen Zweck haben", sagte

31 ein dicker Herr. „Wie willst du es überhaupt

32 nach oben bekommen?"

33 „Oh, man ist schließlich auf dem Meer gesegelt",

34 sagte Pippi ruhig.

35 „Ich will ein langes Seil haben."

36 Keiner glaubte, dass es einen Zweck hätte, aber

37 Pippi bekam ein Seil. Sie stieg vom Pferd und

38 ging zu einem Baum. Dann nahm sie das Seil

39 und band es an Herrn Nilssons Schwanz fest.

40 Er verstand, was er tun sollte.

41 Und er kletterte gehorsam hoch.

42 Für einen Affen war das keine Kunst. Alle Menschen

43 auf dem Marktplatz hielten den Atem an.

44 Bald hatte er die Baumkrone erreicht.

45 Sie winkte ihm, wieder herunterzukommen.

46 Das tat er auch. Aber er kletterte

47 auf der anderen Seite vom Ast herunter.

48 So legte sich das Seil um den Ast.

49 „Du bist so klug, Herr Nilsson", sagte Pippi.

50 Ganz in der Nähe lag ein langes Brett.

51 Pippi nahm es unter den Arm und lief zum Baum.

52 Sie griff das Seil mit der freien Hand und

53 stemmte sich mit den Füßen gegen

54 den Baumstamm. Schnell kletterte sie hoch.

55 Als sie die Baumkrone erreicht hatte,

56 legte sie das Brett quer über einen dicken Ast.

57 Vorsichtig schob sie es hinüber zum Fenster.

58 Jetzt lag das Brett wie eine Brücke

59 zwischen Baumstamm und Fenster.

60 Die Menschen unten auf dem Platz standen still.

61 Vor lauter Spannung konnten sie nichts sagen.

62 Pippi kletterte auf das Brett.

63 Sie lächelte die beiden Jungen an.

64 Sie lief über das Brett und sprang

65 in die Dachstube hinein.

66 Dann nahm sie einen Jungen

67 unter jeden Arm und kletterte wieder

68 auf das Brett.

69 Pippi kam glücklich und wohlbehalten

70 mit den beiden Jungen zu dem Baum hinüber.

71 Und da schrien alle Leute unten: „Hurra!"

72 Jetzt band sie das eine Ende an einem Ast

73 fest. Dann band Pippi den einen Jungen

74 an das andere Ende des Seiles.

75 Pippi konnte ordentliche Knoten machen!

76 Das hatte sie auf See gelernt.

77 Langsam und vorsichtig ließ sie den Jungen

78 zu der überglücklichen Mutter hinunter.

79 Danach war der andere Junge an der Reihe.

80 Auch er wurde hinabgelassen.

81 Jetzt machte Pippi einen Sprung zum Seil.

82 „Hei!", schrie sie und sauste zur Erde hinunter.

83 „Hurra, hurra, hurra, hurra!", schrien alle.

84 Aber jemand schrie fünfmal. Und das war Pippi.

Fortsetzung folgt

1. Pippi rettet zwei kleinen Jungen das Leben.
   Was ist passiert? Erzähle in der Klasse.
   Tipp: Lies noch einmal die Seiten 66 und 67.

2. Was benutzt Pippi für die Rettung? Kreuze an.

❏ ein Seil ❏ eine Leiter ❏ ein Brett

3. Warum heißen sehr hohe Häuser
   Wolkenkratzer?
   Erklärt mit eigenen Worten.

4. Was weißt du über Feuer?
   Lies den Sachtext.

Feuer

₁ Feuer gibt **Wärme.** Feuer macht **Licht.**
₂ Aber Feuer **kann auch sehr gefährlich sein.**
₃ Sicher weißt du: **Mit Feuer spielt man nicht.**

5. Was hast du im Sachtext erfahren? Kreuze an.

❏ Mit Feuer spielt man nicht. ❏ Feuer gibt Kälte.
❏ Feuer macht Dunkelheit. ❏ Feuer macht Licht.
❏ Feuer kann gefährlich sein. ❏ Feuer gibt Wärme.

6. Mit Wörtern darfst du spielen.

**a) Setze Nomen zusammen,
die mit „Feuer…" beginnen.**

**b) Schreibe die zusammengesetzten Nomen
auf die Linien.**

Feuer…	wehr	die F _____
	leiter	die _____
	zeug	das _____
	alarm	der _____
	löscher	der _____

**7. Pippi klettert so gut wie eine Zirkuskünstlerin.
Als was würdet ihr gern im Zirkus auftreten?**

**a) Gründet den Zirkus „Pippi Langstrumpf".
Welche Zirkusnummern wollt ihr aufführen?
Sammelt Vorschläge an der Tafel.**

**b) Was braucht ihr für eure Zirkusnummern?
Wollt ihr euch verkleiden?
Notiert Stichworte an der Tafel.**

c) Plant eine Zirkusaufführung. Übt vorher.

Kapitel 13

1 **E**ines Tages fanden Thomas und Annika einen Brief
2 in ihrem Briefkasten.
3 „An Thmas und Anika" stand darauf.
4 Und als sie ihn aufgemacht hatten, fanden sie
5 einen Zettel, auf dem stand:

6 *Thmas un Anika solen zu Pippi sur Gebutsfeier*
7 *komen morgen nahmidag. Ansug: was ir wolt.*

8 Thomas und Annika freuten sich so,
9 dass sie herumsprangen und tanzten.

10 Es war im November, und es dämmerte schon früh.

11 Am Nachmittag überreichten Thomas und Annika

12 Pippi ihr Geschenk und sagten: „Wir gratulieren!"

13 Pippi bedankte sich und riss eifrig das Papier auf.

14 Und da lag eine Spieldose darin!

15 Pippi war ganz verrückt vor Begeisterung.

16 Sie drehte und drehte.

17 Sie schien alles andere vergessen zu haben.

18 Aber plötzlich fiel ihr etwas ein.

19 „Ihr sollt ja auch eure Geburtstagsgeschenke

20 haben", sagte sie.

21 „Ja, aber – wir haben doch gar nicht Geburtstag",

22 sagten Thomas und Annika.

23 Pippi sah sie erstaunt an.

24 „Nein, aber ich hab Geburtstag. Und da kann ich

25 euch ja wohl auch Geschenke machen!"

26 Und nun holte Pippi zwei Pakete.

27 Thomas bekam eine kleine Flöte aus Elfenbein

28 und Annika eine schöne Brosche

29 in Form eines Schmetterlings.

30 Nachdem alle Geschenke bekommen hatten,

31 war es Zeit, etwas zu essen.

32 Auf dem Tisch waren eine Menge Kuchen und

33 Milchbrötchen. Pippi goss Schokolade

34 mit Schlagsahne in die Tassen.

35 Und als alle satt und zufrieden waren, fragte Pippi:

36 „Wollen wir auf den Dachboden raufgehen und

37 die Gespenster besuchen?"

38 „G… g… gibt es Gespenster auf dem Boden?",

39 fragte Annika erschrocken.

40 „Und ob es welche gibt! Massenhaft!", sagte Pippi.

41 „Man fällt direkt über sie. Wollen wir raufgehen?"

42 „Mama hat gesagt, es gibt keine Gespenster und

43 Geister", sagte Thomas bestimmt.

44 „Gespenster gibt es nirgendwo sonst als hier.

45 Denn alle, die es gibt, wohnen auf meinem Boden.

46 Aber sie sind nicht gefährlich", sagte Pippi.

47 Dann ging Pippi voran.

48 Sie machte die Tür zur Bodentreppe auf.

49 Da war es kohlrabenschwarz.

50 Thomas hielt Pippi ganz fest.

51 Und Annika hielt Thomas noch fester.

52 Nun gingen sie die Treppe hinauf. Aber kein

53 Gespenst tauchte auf. Sie waren wohl ausgegangen.

54 Pippi durchsuchte die Seemannskiste.

55 Darin lagen eine Menge alte Kleidungsstücke.

56 Außerdem waren da: ein Fernrohr,

57 einige alte Bücher, drei Pistolen, ein Degen

58 und ein Beutel mit Goldstücken.

59 „Ist das aufregend!", sagte Thomas.

60 Pippi sammelte alles in einem Nachthemd.

61 Dann gingen sie wieder in die Küche hinunter.

62 Annika war glücklich,

63 von der Bodenkammer wegzukommen.

64 „Jetzt können wir eine Räuberbande gründen,

65 wenn wir wollen", sagte Pippi.

66 Sie hielt sich das Fernrohr vor die Augen.

67 „Das können wir gebrauchen,

68 wenn wir auf See sind."

69 Gerade da klopfte es an die Tür. Es war Thomas'

70 und Annikas Vater, der seine Kinder abholen wollte.

71 Pippi begleitete ihre Gäste hinaus auf die Veranda.

72 An der Gartentür winkten sie Pippi zu.

73 Von innen fiel Licht auf Pippi. Da stand sie

74 mit ihren steifen roten Zöpfen.

75 Sie trug ein Nachthemd von ihrem Vater.

76 In der Hand hielt sie eine Pistole und den Degen.

77 Dann hörten sie Pippi rufen.

78 Sie blieben stehen und lauschten.

79 „Ich werde Seeräuber, wenn ich groß bin!",

80 schrie Pippi. „Und ihr?"

Ende

1. **Pippi hat eine Einladung geschrieben.**
   Nicht alle Wörter sind richtig.
   Pippi hatte beim Schreiben keine Hilfe.
   Was hilft euch beim Schreiben?
   Wen könnt ihr um Hilfe bitten?
   Sprecht in der Klasse darüber.

2. **Pippi lädt zu ihrem Geburtstag ein.**
   Wann ist dein Geburtstag?
   Was wünschst du dir zum Geburtstag?
   Ergänze die Sätze.

   Ich habe am _____ Geburtstag.

   Zum Geburtstag wünsche ich mir _____

   _____ .

3. **Pippi schenkt ihren Gästen etwas.**
   Was schenkt Pippi Thomas?
   Was schenkt sie Annika?
   Verbinde. Benutze ein Lineal.

   | Thomas |

   die Brosche
   (die Anstecknadel)

   | Annika |

   die Flöte

76

4. Pippi schlägt vor, auf den Dachboden zu gehen.
Dort oben unter dem Dach ist es am Abend
„kohlrabenschwarz", also dunkel.
Annika und Thomas fürchten sich.
Hast du dich auch schon einmal im Dunklen
gefürchtet? Erzähle davon.

5. Stell dir vor, du könntest dich in eine Maus
oder einen Elefanten verwandeln.

a) Sieh dir die beiden Tiere an.

b) Wie ist eine Maus?
Wie ist ein Elefant?
Ergänze passende Adjektive.

Eine **Maus** ist _____.

Sie kann sich gut verstecken.

Ein **Elefant** ist _____.

Er kann sich gut verteidigen.

c) Sprich mit einem anderen Kind
über diese Fragen:

Warum kann es bei Furcht helfen, …
– sich vorzustellen, eine Maus zu sein?
– sich vorzustellen, ein Elefant zu sein?

6. Pippi will die Gespenster auf dem Dachboden besuchen. Gibt es Gespenster? Was meinst du? Sprecht in der Klasse darüber.

7. Pippi möchte später Seeräuberin werden.

a) Welche Berufe kennst du? Sprich mit einem anderen Kind darüber.

b) Was würdest du gern später werden? Wie siehst du dann aus? Male in den Rahmen.

**8. Wer hat das Buch „Pippi Langstrumpf"
geschrieben?
Lies den Sachtext.**

Astrid Lindgren

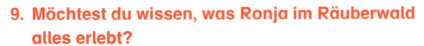

1 **Astrid Lindgren** hat
2 **„Pippi Langstrumpf"**
3 und viele andere Bücher
4 für Kinder geschrieben,
5 zum Beispiel **„Ronja Räubertochter".**
6 Diese spannende Geschichte handelt
7 von dem kleinen Mädchen Ronja,
8 das im Räuberwald lebt.

**9. Möchtest du wissen, was Ronja im Räuberwald
alles erlebt?
Leih dir das Buch aus.
Tipp 1: Frage in der Klasse, ob jemand
das Buch hat.
Vielleicht leiht er oder sie es dir.
Tipp 2: Du kannst das Buch auch
in der Bibliothek oder Bücherei
ausleihen.**

Originalausgabe:
Astrid Lindgren, „Pippi Langstrumpf"
© 1949, 1967 Verlag Friedrich Oetinger GmbH, Hamburg

Redaktion: Caroline Roeder; lüra – Klemt & Mues GbR
Projektleitung: Susanne Dahlbüdding
Technische Umsetzung: Manuela Mantey-Frempong

www.cornelsen.de

1. Auflage, 7. Druck 2013

Alle Drucke dieser Auflage sind inhaltlich unverändert
und können im Unterricht nebeneinander verwendet werden.

Druck: H. Heenemann, Berlin

ISBN 978-3-464-82829-8

 Inhalt gedruckt auf säurefreiem Papier aus nachhaltiger Forstwirtschaft.